# 십자가와 부활

가스펠 프로젝트 유치부

신약 **3**

# 십자가와 부활

지은이 | LifeWay Kids
옮긴이 | 권혜신
감　수 | 김병훈·류호성·정희영

초판 발행 | 2018. 12. 10
2판 2쇄 발행 | 2025. 3. 5
등록번호 | 제1988-000080호
등록된 곳 | 서울특별시 용산구 서빙고로65길 38
발행처 | 사단법인 두란노서원
영업부 | 02) 2078-3352, 3452, 3752, 3781
　　　　FAX　080-749-3705
편집부 | 02) 2078-3437

표지디자인 | 땅콩프레스
활동 연구 | 박청아·진명선·최유리·홍선아

책값은 뒤표지에 있습니다.
ISBN  978-89-531-4719-5  04230
　　　　978-89-531-4726-3 (세트)

홈페이지 | gospelproject.co.kr
두란노몰 | mall.duranno.com

**The Gospel Project for Preschool**

is published quarterly by LifeWay Christian Resources, One LifeWay Plaza, Nashville, TN 37234, Thom S. Rainer, President © 2017 LifeWay Christian Resources Translated and used by permission of LifeWay Christian Resources

This Korean translation edition © 2018 by Duranno Ministry, 38, Seobinggo-ro 65-gil, Yongsan-gu, Seoul, Republic of Korea. Published by arrangement with LifeWay Christian Resources

본 저작물의 한국어판 저작권은 LifeWay Christian Resources와 독점 계약한 두란노서원에 있습니다. 신 저작권법에 의거하여 한국 내에서 보호를 받는 저작물이므로 무단 전재와 무단 복제를 금합니다.

# 차례

## 1  순종하신 예수님

## 2  구원자 예수님

## 3  부활하신 왕, 예수님

# 1 마리아가 예수님께 향유를 부었어요

마리아는 값비싼 *향유를 부어 예수님의 발을 닦으며 예수님을 예배했어요.
예수님의 제자들은 향유를 부은 마리아의 행동이 돈을 낭비한 것이라 생각했어요.
하지만 예수님은 마리아가 예수님의 *장례를 위해 좋은 일을 했다고 말씀하셨어요.

★향유 : 향기로운 냄새가 나는 기름
★장례 : 죽은 사람의 시신을 처리하는 과정과 절차

예배하는 마음

# 예수님을 예배해요

마리아는 누구에게 값비싼 향유를 부었나요? 자신의 머리카락으로 무엇을 했나요?
숫자 1부터 10까지, 또다시 1부터 10까지 순서대로 선을 긋고 색칠해 마리아가 예수님을 예배하는 그림을 완성하세요.

이야기 나누기

- 마리아는 왜 예수님께 향유를 붓고 자신의 머리카락으로 예수님의 발을 닦아 드렸나요?
- 예수님은 마리아가 좋은 일을 했다고 칭찬하셨어요. 나는 왜 예수님을 예배하나요?

## 2 예수님이 성전을 깨끗하게 하셨어요

성전은 하나님께 기도하고 예배드리는 곳이에요. 그런데 사람들이 성전에서 잘못된 일을 하고 있었어요. 성전에서 물건을 사고팔았지요. 그들은 다른 사람들이 성전에서 하나님께 기도하고 예배드리는 일을 방해했어요. 예수님은 그런 사람들을 모두 쫓아내셨어요.

# 성전은 무엇을 하는 곳일까요?

물건을 용도에 맞게 잘 사용하고 있는 그림에 ○표 하세요. 잘못 사용하고 있는 사람에게는 무슨 물건이 필요한지 이야기해 보세요. 성전(예배당)은 무엇을 하는 곳일까요? 예수님은 성전이 하나님께 기도하는 집이라고 말씀하셨어요. 성전 그림의 빈칸에 예배하는 내 모습을 그려 보세요.

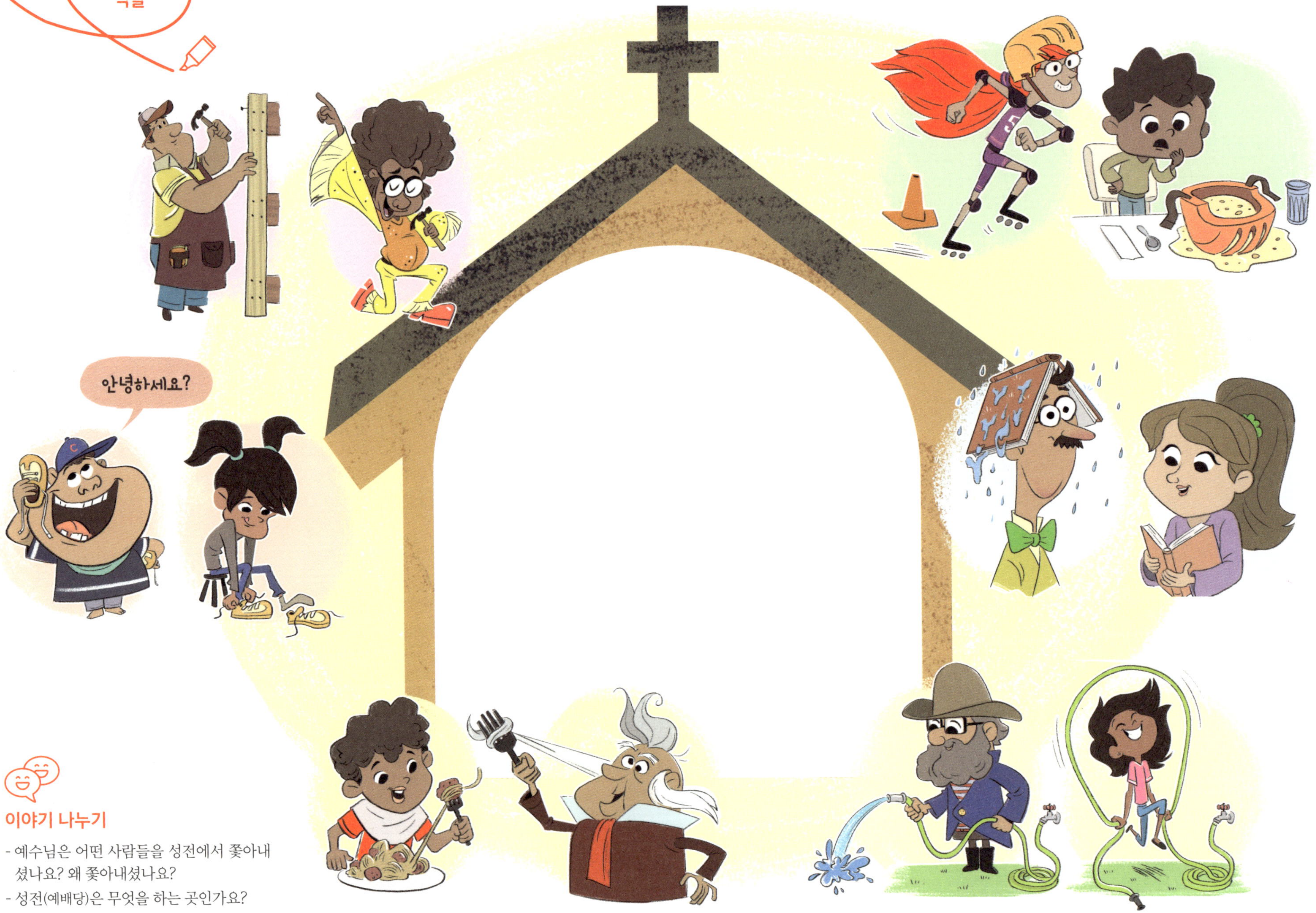

**이야기 나누기**

- 예수님은 어떤 사람들을 성전에서 쫓아내셨나요? 왜 쫓아내셨나요?
- 성전(예배당)은 무엇을 하는 곳인가요?

**3** **예수님이 제자들과 마지막 만찬을 하셨어요**

예수님은 유월절에 제자들과 마지막 만찬을 하셨어요. 예수님은 자리에서 일어나 제자들의 발을 씻어 주셨어요. 다른 사람을 섬기는 모습을 직접 보여 주신 거예요. 그 후 예수님은 떡(빵)과 포도주를 나누어 주시며 죄인들을 위한 예수님의 몸과 피라고 말씀하셨어요.

예수님의
몸과 피

# 예수님이 떡과 포도주를 주셨어요

예수님은 제자들과의 마지막 만찬에서 떡(빵)과 포도주를 나누어 주셨어요. 45쪽 '떡', '포도주' 스티커를 떼어 제자들의 두 손에 각각 붙여 주세요. 떡과 포도주를 받은 제자들 옆에 내 모습을 그리고 두 손에 스티커를 붙이세요. 예수님이 내게도 떡과 포도주를 주시는 장면을 표현해 보세요.

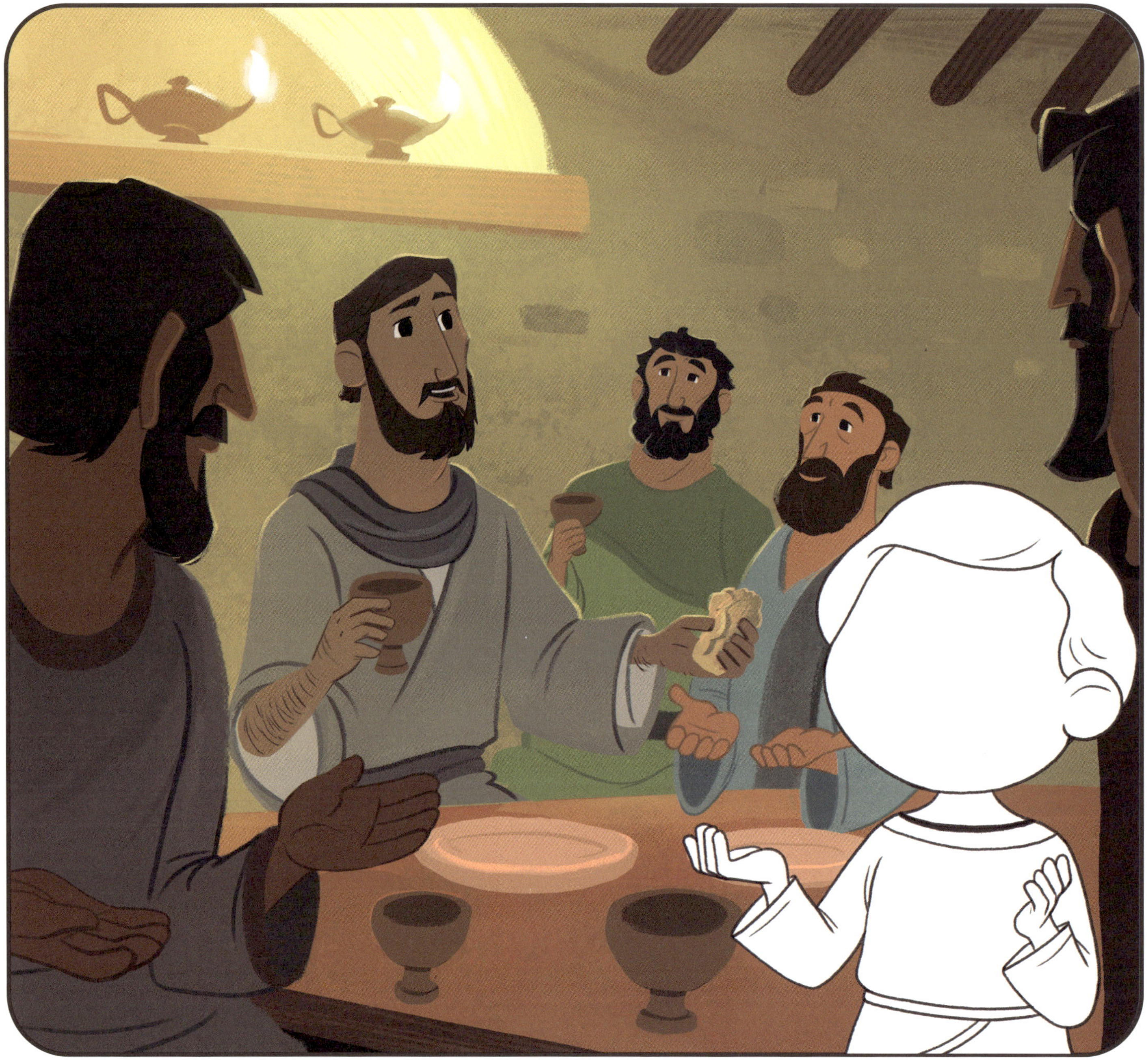

## 이야기 나누기

- 예수님은 떡과 포도주가 무엇이라고 말씀 하셨나요?
- 유월절 만찬 때 예수님이 나누어 주신 떡 과 포도주는 나와 어떤 관계가 있나요?
- 그리스도인은 왜 ★성찬에 참여하나요? (예수님의 삶과 죽음을 기억하기 위해서예요)

★성찬 : 예수님이 정하신 대로 떡과 포도주를 먹고 마시면서 예수님의 죽으심을 기억하는 예식

# 4 예수님이 잡혀가셨어요

예수님은 제자들과 겟세마네 동산에 기도하러 가셨어요. 기도를 마치신 예수님은 때가 가까이 왔다고 하셨어요. 유다가 예수님께 입을 맞추자 사람들은 죄가 없으신 예수님을 붙잡아 갔어요. 종교 지도자들은 예수님이 하나님에 대해 거짓말을 한다고 말했어요. 베드로는 예수님의 제자가 아니라고 세 번이나 말했어요.

# 예수님을 찾아요

사람들이 예수님을 붙잡으려고 겟세마네 동산에 왔어요. 예수님은 죄가 없으신데도요! 퀴즈를 잘 듣고 해당되는 사람을 찾아 ☆표 하세요. **보기** 를 보고 숨은 그림을 찾아 ○표 하세요.

예수님이 잡히신 이유 

**퀴즈**

Q. 이 사람은 누구일까요?

- 노란 횃불 사이에 있어요.
- 빨간 모자를 쓴 사람 앞에 있어요.
- 흰 수염의 남자가 쳐다보는 사람이에요.

**이야기 나누기**

- 예수님은 왜 자신을 잡으러 온 사람들과 싸우지 않으셨을까요?
- 예수님이 따르고 싶어 하신 하나님의 뜻은 무엇인가요?
- 예수님의 마음을 알고 나니 어떤 생각이 드나요?

**보기**

**5** 예수님이 십자가에서 죽으셨어요

종교 지도자들은 예수님이 죄를 지었다고 거짓말을 했어요. 죄가 없으신 예수님은 십자가에 못 박히셨어요. 하늘이 어두워지기 시작하며 어둠이 땅을 덮었어요. 예수님은 "다 이루었다!"라고 말씀하신 후 숨을 거두셨어요. 사람들은 예수님의 시신을 무덤에 넣어 두고 무덤 입구를 큰 돌로 막았어요.

우리를 위한 십자가

# 사랑의 십자가

31쪽 '십자가 색종이'를 떼어 그림과 같이 순서대로 접고 가위로 자르세요. 퍼즐을 조합해 십자가를 만든 후 퍼즐판에 풀로 붙이세요. 우리를 위한 사랑의 십자가를 기억해요.

준비물 ▶ 31쪽 '십자가 색종이', 가위, 풀

## 십자가 색종이 접기

- - - - - - - - - 접는 선
———— 자르는 선

❶ 접는 선대로 접으세요.

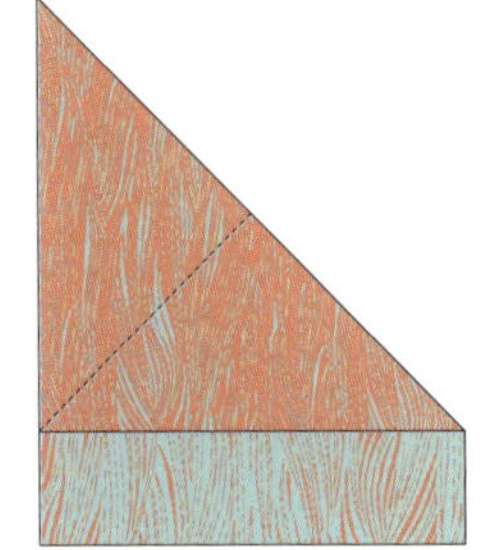
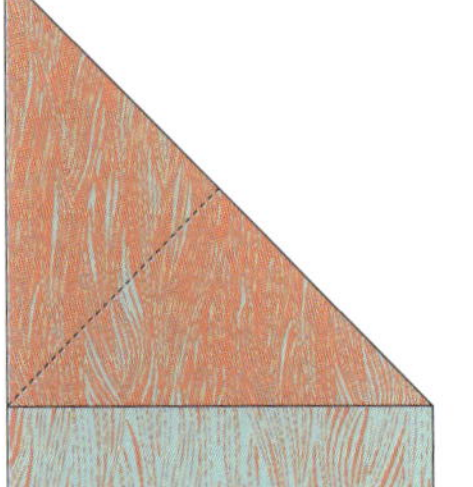
❷ 삼각형 끝부분을 접으세요.

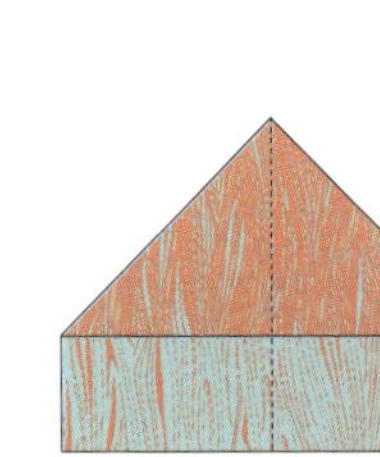
❸ 중심선에 맞춰 접으세요.

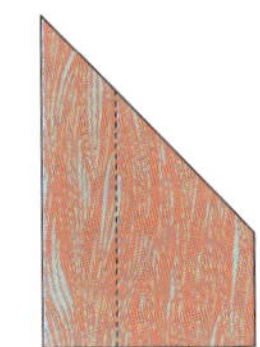
❹ 접는 선대로 접으세요.

❺ 접은 면의 가운데를 가위로 자르세요.

❻ 퍼즐을 조합해 십자가를 만든 후 퍼즐판에 풀로 붙이세요.

## 이야기 나누기

- 십자가는 무엇을 떠올리게 하나요?
- 죄 없으신 예수님이 왜 십자가에서 죽으셨나요?
- 십자가를 볼 때마다 어떤 마음을 갖게 되나요?

퍼즐판

# 6 예수님이 부활하셨어요

예수님이 죽으신 지 3일째 되는 날, 마리아는 예수님의 무덤에 갔어요. 그런데 무덤 문이 열려 있고 예수님의 시신이 없었어요. 베드로와 요한도 무덤으로 달려와 비어 있는 무덤을 확인했어요. 마리아가 무덤 밖에서 울고 있을 때 부활하신 예수님이 마리아를 부르셨어요. 예수님이 부활하셨어요!

다시 사신
예수님

# 무덤이 비었어요!

그림 ❶을 살펴보고 어떤 상황인지 이야기를 나누어 보세요. 등장인물들은 무엇을 하고 있나요?
그림 ❷의 빈칸에 알맞은 그림 조각을 45쪽 스티커에서 찾아 떼어 붙이고 무엇이 달라졌는지 이야기를 나누어 보세요.

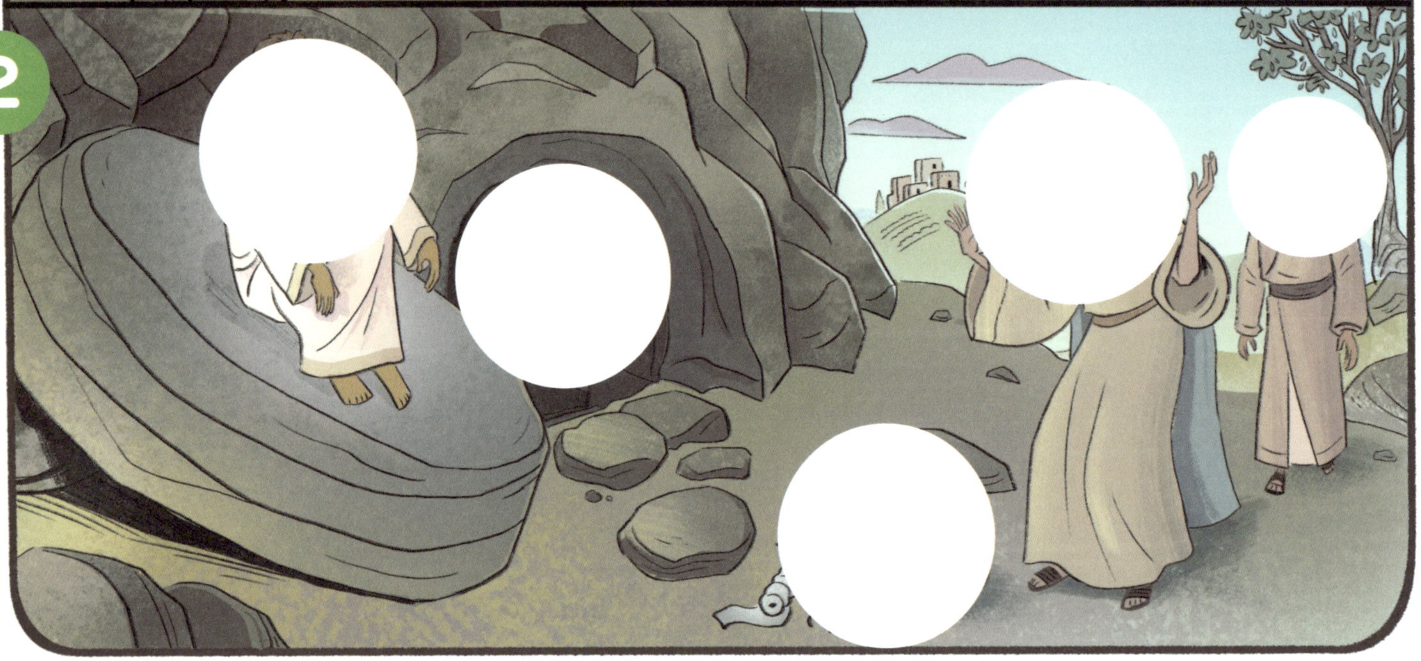

### 이야기 나누기

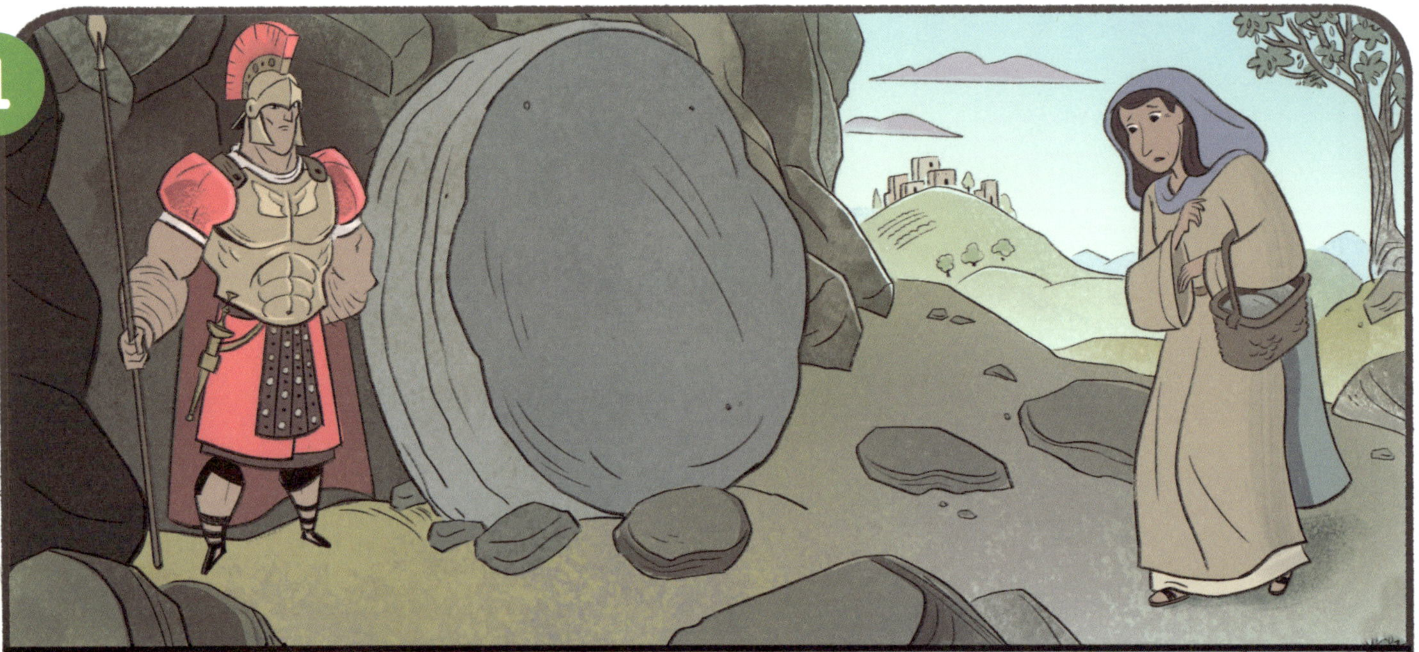

- 예수님의 부활은 예수님이 십자가에 달려
  돌아가신 지 얼마 만에 일어났나요?
- 예수님이 부활하신 것이 왜 기쁜가요?

**7** ## 예수님이 엠마오로 가는 제자들을 만나셨어요

엠마오로 가는 두 제자에게 부활하신 예수님이 찾아오셨어요. 예수님은 함께 걸으며 이야기를 나누셨어요. 예수님은 성경이 자신의 삶과 죽음과 부활을 가리킨다는 점을 깨닫도록 도와주셨어요. 두 제자는 처음에는 부활하신 예수님을 알아보지 못했지만 그분이 예수님이심을 깨닫고는 예루살렘으로 돌아가 다른 사람들에게 이 소식을 전했어요.

# 엠마오로 가는 길에 예수님을 만났어요

예수님과 제자들이 엠마오를 향해 가고 있어요. 잘 도착할 수 있도록 선을 그어 길을 안내해 주세요. 가는 길에서 '예수' 글자를 5개 찾아 ○표 하세요.

예수님에 대해 말하고 있는 성경

## '예수님 책갈피' 만들기

31쪽 '예수님 책갈피' 그림을 떼어 예쁘게 색칠하세요. 45쪽 스티커를 붙이세요. 구멍을 뚫고 리본을 묶어 '예수님 책갈피'를 만들고 성경책에 끼워 보세요.

## 이야기 나누기

- 예수님은 엠마오로 가는 두 제자에게 무슨 말씀을 하셨나요?
- 예수님의 삶과 죽음과 부활에 관한 모든 이야기가 어느 책에 쓰여 있나요?
- 성경에서 읽은 예수님 이야기를 친구들에게 소개해 보세요.

**8**

# 예수님이 제자들에게 나타나셨어요

예수님이 돌아가신 후 제자들은 두려움에 떨며 문을 걸어 잠그고 모여 있었어요. 그때 부활하신 예수님이 제자들에게 나타나 "너희에게 평강이 있을지어다!"라고 말씀하셨어요. 그러고는 손과 옆구리를 보여 주셨어요. 예수님은 제자들에게 "예수님이 다시 살아나셨다!"라는 기쁜 소식을 모든 사람에게 전하라고 하셨어요.

수 세기

제자들과 다시 만나신 예수님

# 평강이 있을지어다!

예수님은 두려워하는 제자들에게 나타나 "평강이 있을지어다!"라고 인사하셨어요. 예수님은 말씀대로 십자가에 못 박혀 죽으시고, 다시 살아나셨어요! 그림에는 하나님의 말씀이 담긴 성경책이 모두 7권 있어요. 큰 소리로 "하나, 둘, 셋, 넷, 다섯, 여섯, 일곱!" 하고 외치면서 모든 성경책에 ○표 하세요. 선생님을 따라 기쁜 목소리로 문장을 읽고 네모 칸의 흐린 글씨를 따라 써 보세요.

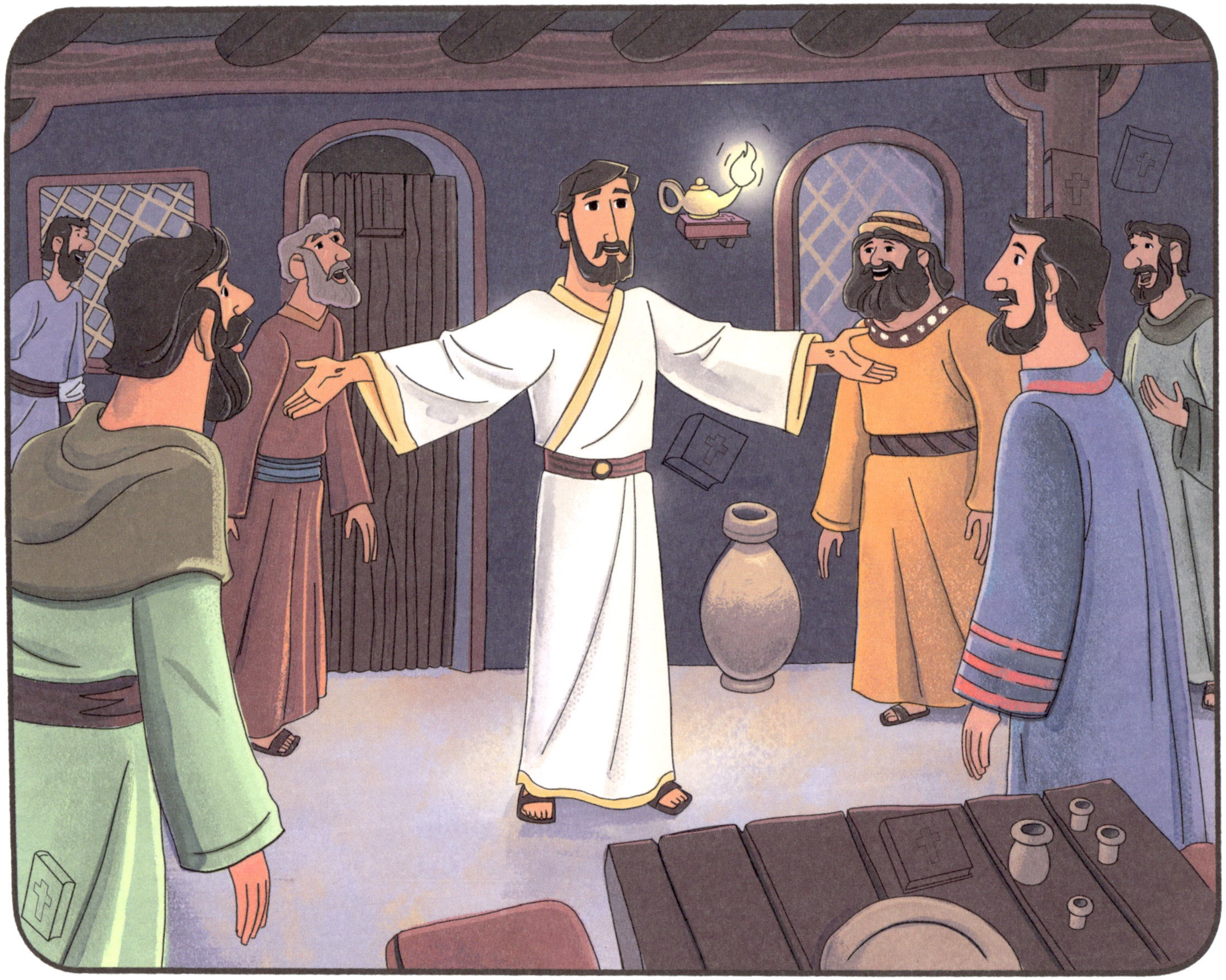

예수님은 말씀대로 다시 살아나셨어요.

### 이야기 나누기

- 부활하신 예수님이 제자들에게 나타나 하신 말씀은 무엇인가요? 그 말씀을 왜 하셨을까요?
- 예수님과 하나님의 말씀을 믿는 우리가 꼭 해야 할 일은 무엇일까요?

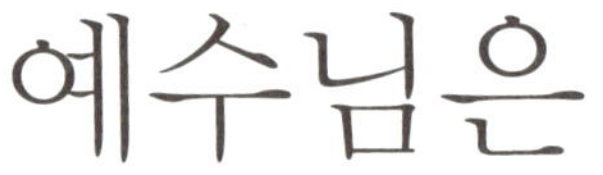

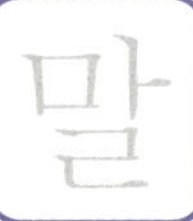

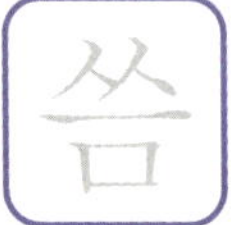

**9**

# 예수님이 도마에게 나타나셨어요

부활하신 예수님이 제자들에게 처음 나타나셨을 때 도마는 함께 있지 않았어요. 도마는 직접 보고 만지기 전에는 예수님이 살아나셨다는 것을 믿지 않겠다고 했어요. 제자들을 다시 찾아오신 예수님은 도마에게 손과 옆구리를 보여 주셨어요. 그러자 도마는 예수님이 살아나신 것을 믿었어요. 예수님은 보지 않고도 믿는 사람은 복이 있다고 말씀하셨어요.

# 보고 만져 보아라!

예수님과
다시 만난
제자들

부활하신 예수님의 손은 어떤 모습인가요? 45쪽 예수님의 '손' 스티커를 떼어 붙이세요. 35쪽 '손' 그림을 떼어 선대로 접고 ★과 ●에 차례대로 붙이세요. 붙인 손을 뻗어 예수님 손을 만져 보세요. 제자들의 '눈' 스티커를 떼어 알맞은 자리에 붙이세요. 왼쪽 빈칸에 부활하신 예수님을 믿는 내 모습을 그려 보세요. 예수님은 보지 않고도 믿는 사람이 어떻다고 말씀하셨나요?

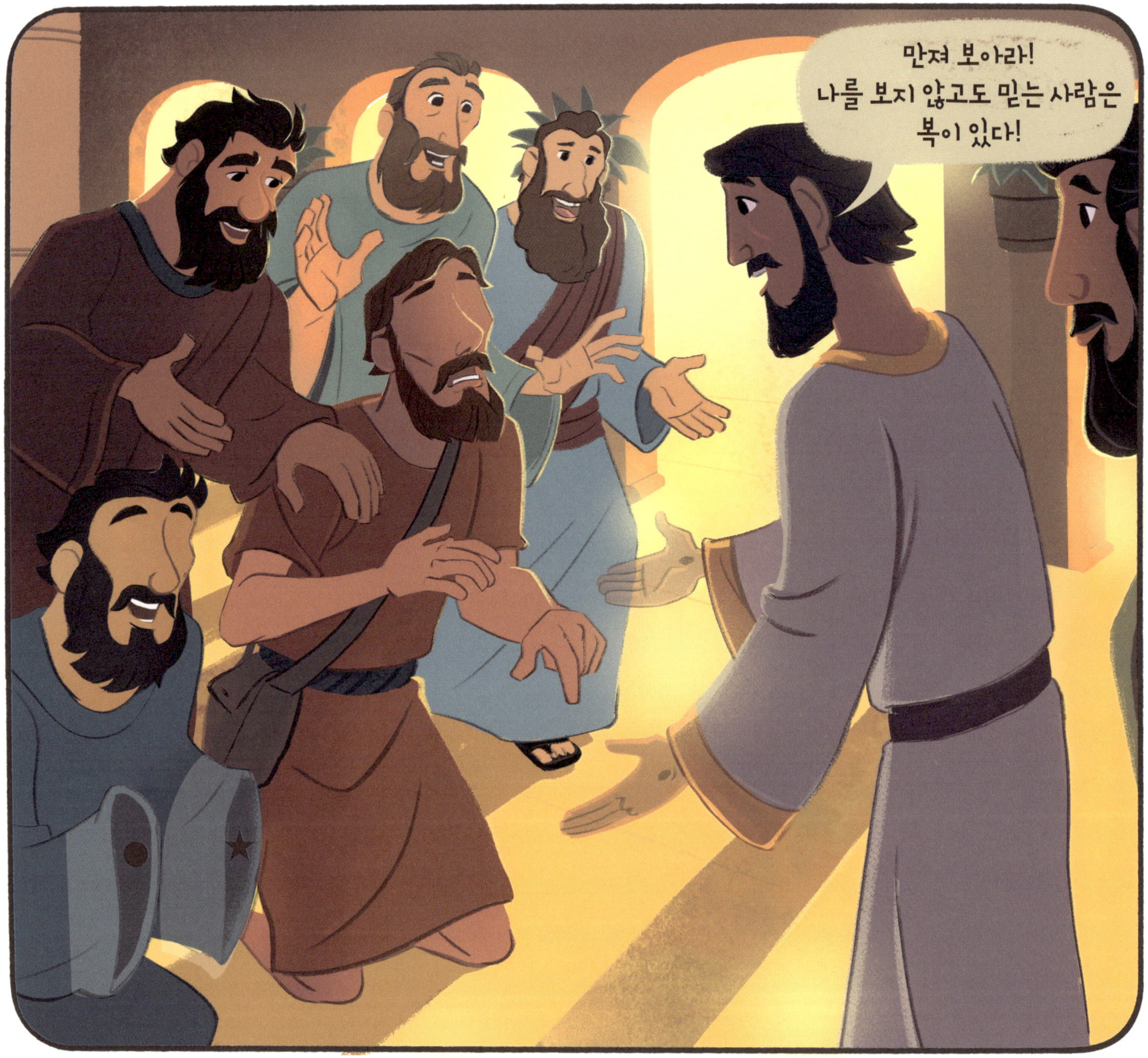

## 이야기 나누기

- 도마가 직접 보고 만진 예수님의 손은 어떤 점이 특별했나요?
- 눈을 감은 채 예수님의 얼굴과 손과 옆구리를 떠올리세요. 어떤 느낌이 드나요?
- 다시 살아나신 예수님을 믿나요? 친구에게 "나는 부활하신 예수님을 믿어"라고 말해 보세요.

**10** **예수님이 베드로에게 나타나셨어요**

예수님은 물고기를 잡고 있는 베드로와 제자들에게 나타나셨어요. 제자들이 예수님의 말씀대로 그물을 던지자 물고기가 많이 잡혔어요. 예수님은 제자들을 위해 아침 식사를 준비하셨어요. 예수님은 베드로에게 "네가 나를 사랑하느냐?"라고 3번 물으셨어요. 예수님을 모른다고 3번이나 말한 베드로를 용서하고 회복시키셨어요.

## 예수님은 우리를 사랑하세요

용서하시는 예수님

베드로는 예수님을 모른다고 3번이나 말했어요. 다시 살아나신 예수님은 베드로에게 "네가 나를 사랑하느냐?"라고 3번 물으셨어요. 베드로는 무엇이라고 대답했나요?
30쪽 '역할극 배경' 그림을 꾸미고, 33쪽 '예수님과 제자들' 인형을 떼어 역할극을 해 보세요.
예수님이 나에게 "네가 나를 사랑하느냐?"라고 물으신다면 나는 어떤 대답을 할까요?

준비물 ▶ 30쪽 '역할극 배경' 그림, 33쪽 '예수님과 제자들' 인형, '가득 찬 물고기' 그림, 셀로판테이프, 풀, 커피 스틱(또는 나무 막대), 45쪽 '빵과 음료' 스티커, '물고기 꼬치' 스티커, '하트' 스티커

**1** 33쪽 '예수님과 제자들' 인형을 떼고 뒷면에 커피 스틱을 뒷면에 셀로판테이프로 붙이세요.

**2** 30쪽 '역할극 배경' 그림을 떼고 부활하신 예수님과 제자들이 만나는 장면을 상상해 보세요. 33쪽 '가득 찬 물고기' 그림을 떼어 접는 선대로 접고 '풀칠'에 풀을 발라 배 모양에 맞게 붙이세요.

**3** 45쪽 '빵과 음료' 스티커를 떼어 돗자리에 붙이고, '물고기 꼬치' 스티커를 장작 위에 알맞게 붙여 아침 식사를 차려 주세요. 예수님의 사랑을 표현해 보세요.

**4** '예수님과 제자들' 인형을 움직이면서 예수님과 베드로의 대화를 재현해 보세요. 45쪽 '하트' 스티커를 떼어 예수님께 붙이며 "예수님, 사랑해요"라고 고백하세요.

**이야기 나누기**

- 예수님을 모른다고 했던 베드로는 부활하신 예수님을 만났을 때 어떤 마음이 들었을까요?
- 예수님은 왜 베드로를 만나 주시고 아침 식사를 준비하셨을까요?
- 예수님은 왜 베드로에게 3번이나 같은 질문을 하셨을까요?

## **11** 예수님이 지상 명령을 주셨어요

부활하신 예수님은 제자들에게 *사명을 맡기셨어요.
"모든 민족을 제자로 삼아라. 아버지와 아들과 성령의 이름으로 세례를 주어라. 내가 명령한 모든 것을 그들에게 가르쳐 지키게 하라"라는 지상 명령이었어요.
그리고 예수님은 세상 끝날까지 항상 함께하겠다고 약속하셨어요.

★사명 : 책임감을 갖고 반드시 해내야 하는 중요한 일

# 모든 사람에게 예수님을 전해요

세계 지도에서 우리나라를 찾아 ○표 하세요. 예수님은 세계 여러 나라의 모든 사람에게 예수님에 관한 기쁜 소식(복음)을 전하라고 하셨어요. 복음이 필요한 사람들을 생각하며 세계 지도 위에 45쪽 '사람들' 스티커를 떼어 붙이세요. 온 세상 사람이 예수님을 믿기를 기도하며 사람들의 가슴에 45쪽 '십자가' 스티커를 떼어 붙이세요.

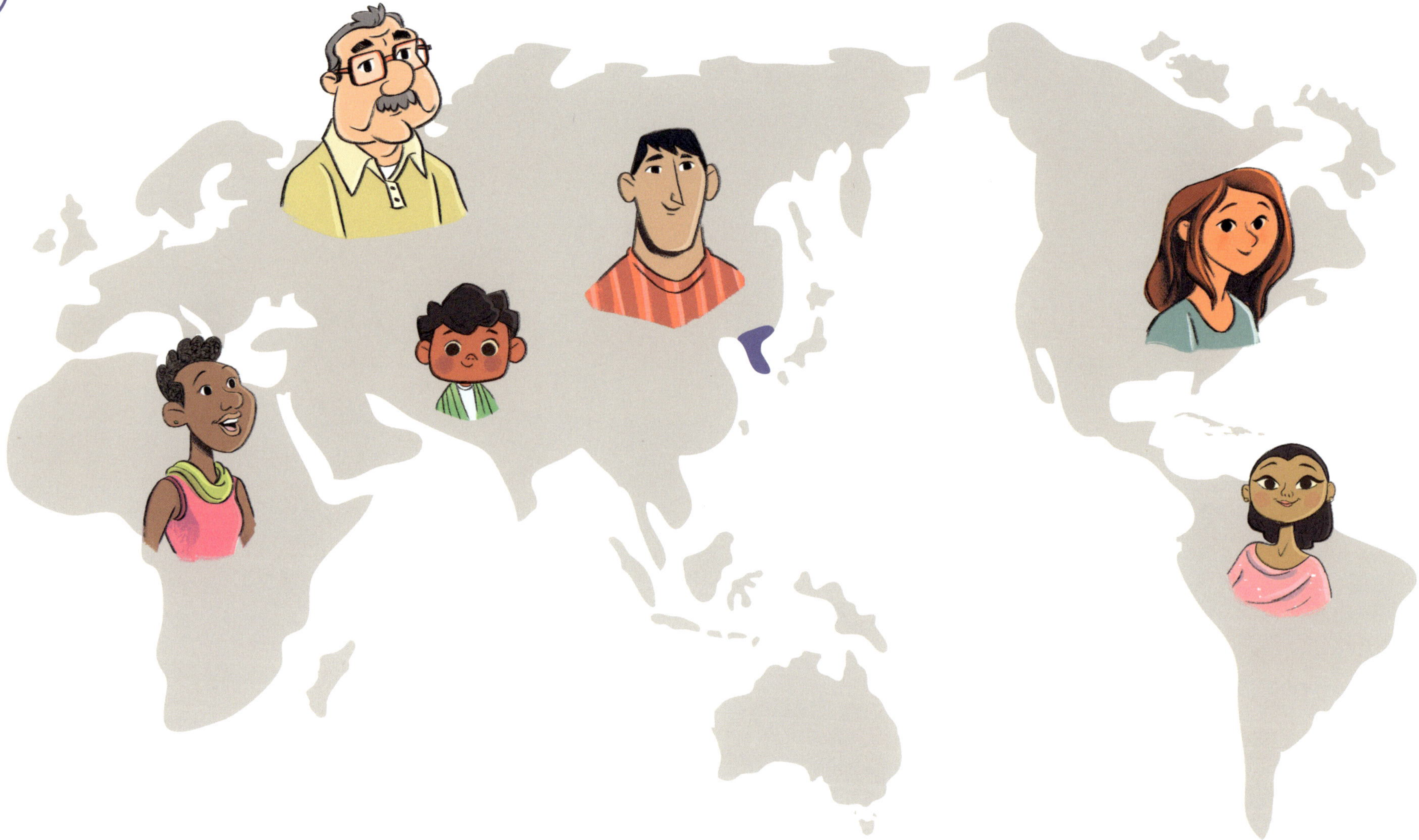

## 이야기 나누기

- 예수님의 말씀을 따라 우리가 해야 할 일은 무엇인가요?
- 예수님이 맡기신 사명을 위해 우리가 항상 기억해야 하는 예수님의 약속은 무엇인가요?

## 12 예수님이 승천하셨어요

예수님은 제자들에게 하나님이 약속하신 성령을 기다리라고 하셨어요. 성령님은 예수님에 관한 기쁜 소식을 전할 능력을 제자들에게 주실 거예요. 예수님은 이 말씀을 하신 후 구름을 타고 하늘로 올라가셨어요. 흰옷 입은 두 사람(천사들)이 제자들 곁에 서서 "예수님은 너희가 본 그대로 다시 오실 것이다"라고 말했어요.

# 예수님이 하늘로 올라가셨어요

35쪽 '승천하시는 예수님' 그림을 떼어 '풀칠'에 풀을 발라 붙이고, 접었다 펴며 하늘로 올라가시는 예수님을 표현해 보세요. 예수님은 제자들에게 어떤 말씀을 남기셨나요? 45쪽 '말풍선' 스티커를 떼어 붙이세요.

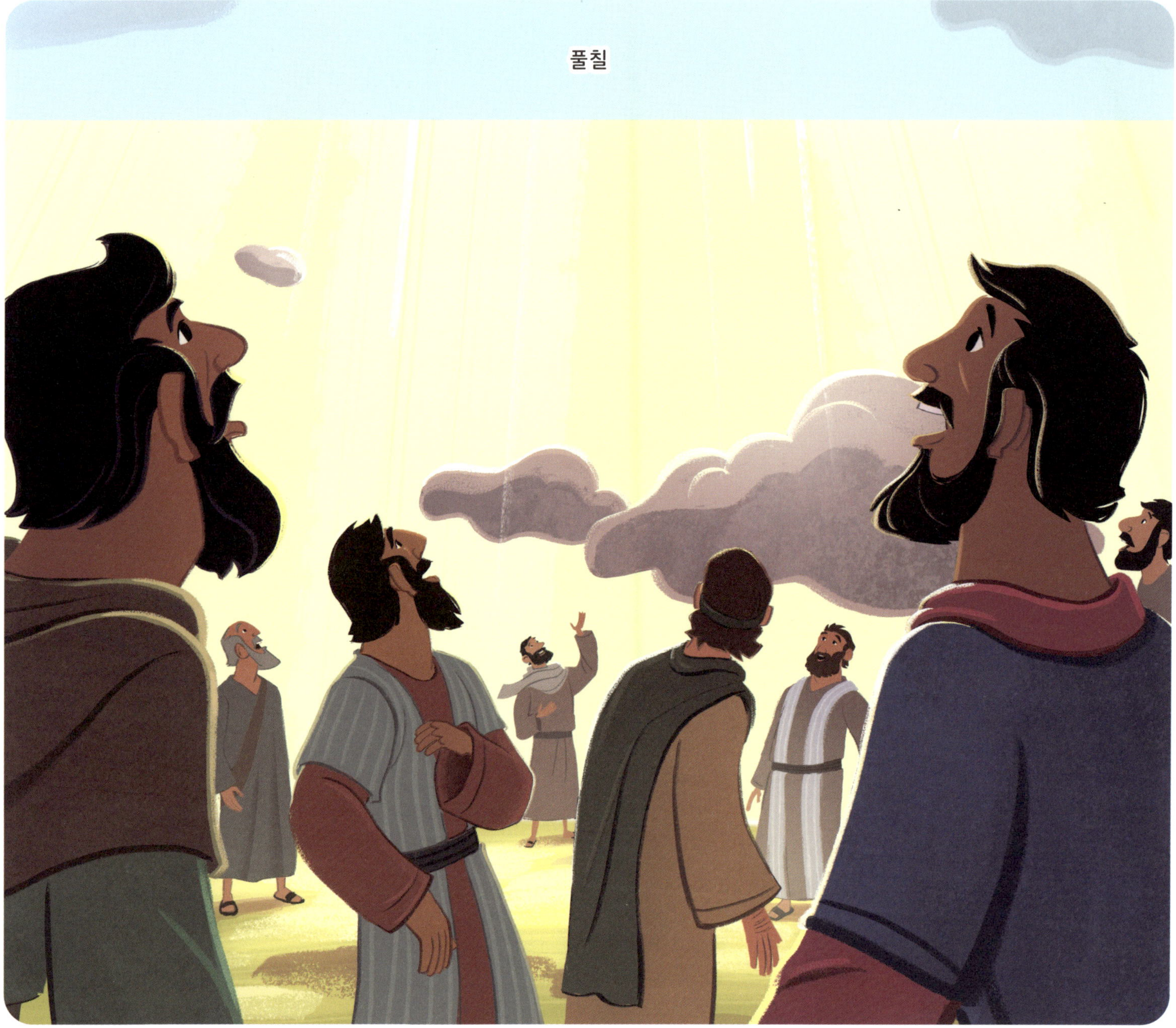

## 이야기 나누기

- 예수님이 우리에게 기다리라고 하신 분은 누구이신가요? 그분은 어떤 능력을 가지고 계신가요?
- 십자가에서 죽으시고 3일 만에 부활하신 후 40일 동안 제자들과 함께하신 예수님은 어디로 가셨나요?

## 13 예수님을 보내신 하나님을 찬양해요

예수님이 이 땅에 오시기 오래전에 하나님은 이사야 선지자를 통해 하나님의 백성에게 말씀을 전하셨어요. 이사야는 '주님의 날'이 오면 하나님이 하나님의 백성을 구원하실 것이라고 말했어요. 그날 하나님의 백성은 찬양하며 하나님께 감사를 드릴 거예요. 약속 대로 예수님을 다시 살리신 하나님께 감사해요.

주님의 날

# 찬양해야 하는 이유를 찾아요!

그림을 보면서 하나님을 찬양해야 하는 이유를 생각해 보고 이야기를 나누세요.

빈칸에 하나님을 찬양해야 하는 나만의 이유를 그림으로 표현해 보세요.

흐린 글씨를 따라 쓰면서 다 같이 큰 소리로 "하나님을 찬양해요!"라고 외쳐 보세요.

# 하나님을 찬양해요!

이야기 나누기

- 하나님은 이사야를 통해 주님의 날에 하나님의 백성이 구원받을 것이라고 말씀하셨어요. 하나님의 약속은 이루어졌나요?
- 하나님이 우리에게 주신 최고의 선물은 무엇인가요?

한눈에 보는
가스펠 프로젝트
연대표
다시 오실 그리스도
위대한 시작
하나님의 구출계획
약속의 땅
왕국의 성립
선지자와 왕
예수님의 기적
영원한 생명
예수님의 죽음과 부활
비유와 기적
십자가와 부활
복음으로 세워진 교회
하나님의 편지

## 5과 십자가 색종이

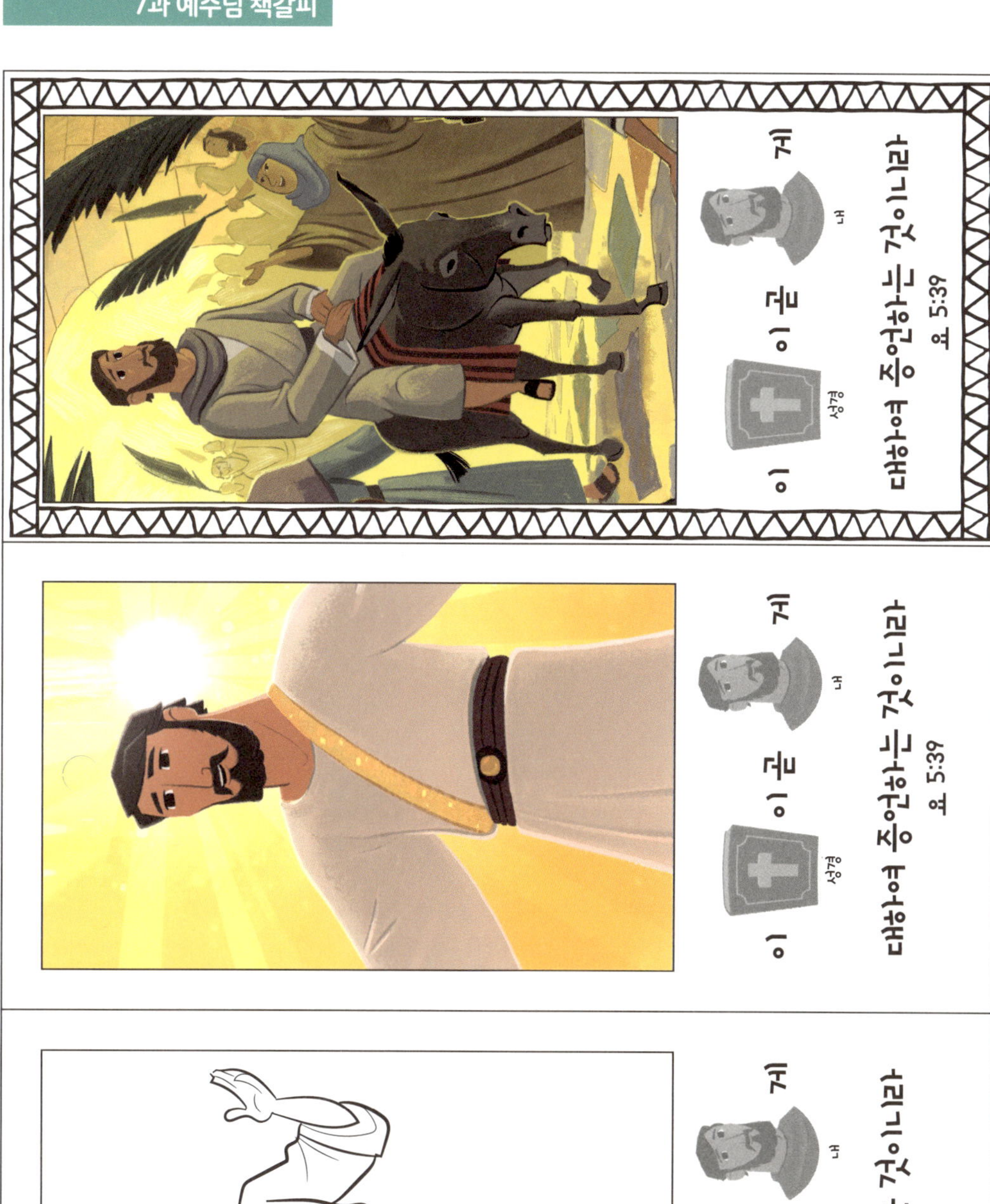

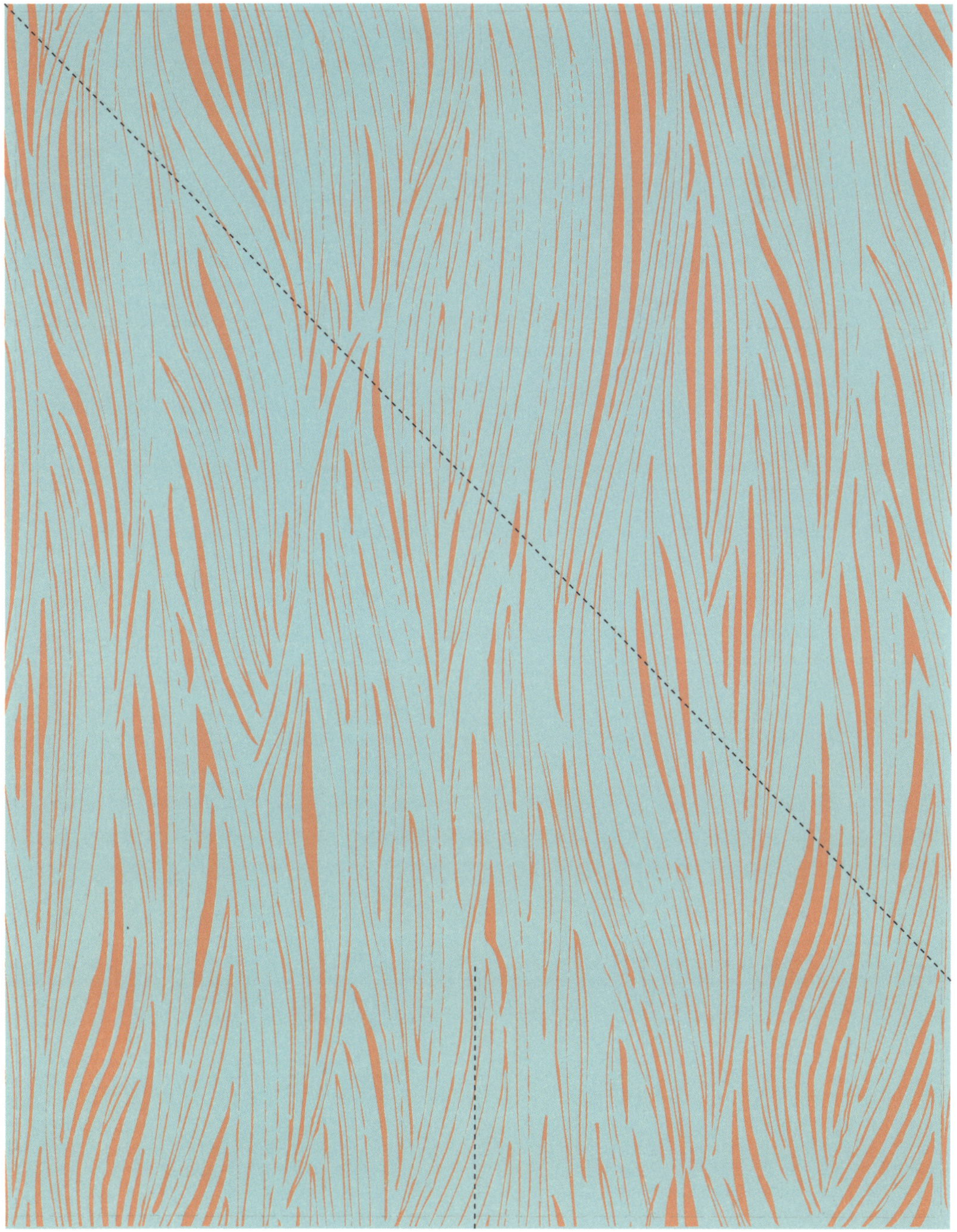

## 7과 예수님 책갈피

이 (성경) 이 곧 (내) 게
대하여 증언하는 것이니라
요 5:39

이 (성경) 이 곧 (내) 게
대하여 증언하는 것이니라
요 5:39

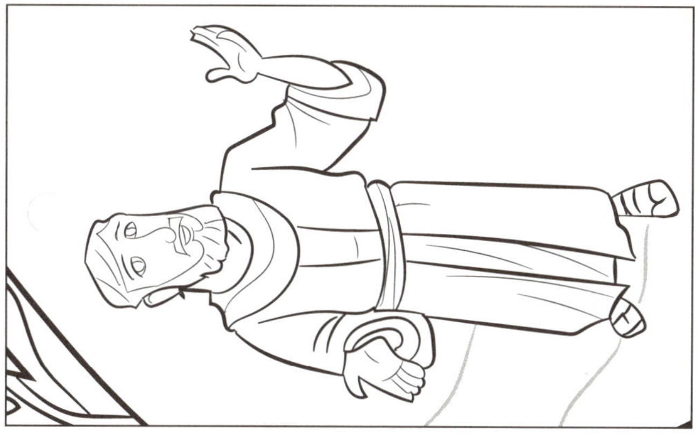

이 (성경) 이 곧 (내) 게
대하여 증언하는 것이니라
요 5:39

※ 빈칸에 45쪽 스티커를 붙이고 예쁘게 색칠해 꾸며 보세요.

접는 선
자르는 선

풀칠

―――――――― 밖으로 접는 선
------------ 안으로 접는 선



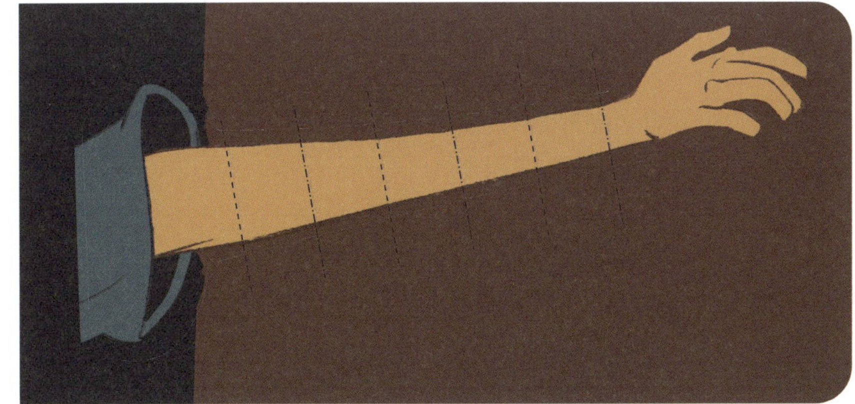

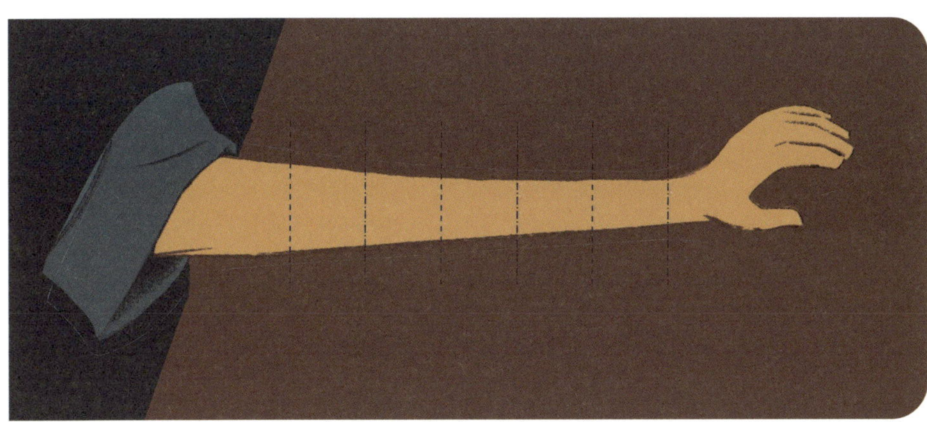

풀칠

풀칠

풀칠

# 가스펠 프로젝트

신약
**3**

가족 활동

## 메시지 카드

---

## 1. 마리아가 예수님께 향유를 부었어요

**주제** 마리아가 예수님께 부은 향유는 예수님의 장례를 준비하는 것이었어요.

**단원 암송** 눅 4:18

**성경의 초점** 그리스도인은 왜 성찬에 참여하나요? 예수님의 삶과 죽음을 기억하고, 예수님이 다시 오실 때까지 예수님을 전하기 위해서 예요.

**예수님 생각하기** 마리아가 예수님께 기름을 부은 것은 좋은 행동이었어요. 마리아는 예수님을 예배했어요. 예수님은 가장 소중한 분이세요. 그래서 우리의 예배를 받으셔야 해요. 예수님은 사람들을 죄에서 구원하기 위해 자신이 죽을 것을 알고 계셨어요. 예수님은 죽은 자 가운데서 다시 살아나실 거예요.

**가족과 이야기해요**
- 예수님은 왜 마리아가 좋은 일을 했다고 말씀하셨나요?
- 예수님이 우리에게 가장 중요한 분이시라는 사실을 어떻게 표현할 수 있을까요?

**가족과 활동해요**
- 특별한 음식과 장식과 음악 등이 있는 특별한 가정 예배를 준비하세요.

---

### 1. 마리아가 예수님께 향유를 부었어요
마 26:6~13; 요 12:1~8

---

## 2. 예수님이 성전을 깨끗하게 하셨어요

**주제** 예수님은 성전에서 잘못된 일을 하는 사람들을 쫓아내셨어요.

**단원 암송** 눅 4:18

**성경의 초점** 그리스도인은 왜 성찬에 참여하나요? 예수님의 삶과 죽음을 기억하고, 예수님이 다시 오실 때까지 예수님을 전하기 위해서 예요.

**예수님 생각하기** 예수님은 성전에서 물건을 사고파는 사람들을 쫓아내셨어요. 예수님이 화를 내신 것은 당연해요. 그들은 다른 사람들이 하나님께 기도하고 예배드리는 일을 방해하고 있었어요. 예수님이 이 땅에 오신 이유는 십자가 죽음으로 사람들의 죄를 없애시기 위함이에요. 또 사람들이 다시 하나님과 친구가 되게 하시기 위해서예요.

**가족과 이야기해요**
- 성전에서 물건을 사고파는 일이 왜 잘못인가요?
- 다른 사람이 하나님을 예배드리는 것을 돕기 위해 우리가 할 수 있는 일은 무엇일까요?

**가족과 활동해요**
- 우리 교회 예배를 위해 기도하세요. 교회 주위를 걸으면서 기도하면 더욱 좋아요.

### 2. 예수님이 성전을 깨끗하게 하셨어요
마 21:12~17; 막 11:15~19

---

## 3. 예수님이 제자들과 마지막 만찬을 하셨어요

**주제** 예수님이 유월절에 제자들에게 떡과 포도주를 나누어 주셨어요.

**단원 암송** 눅 4:18

**성경의 초점** 그리스도인은 왜 성찬에 참여하나요? 예수님의 삶과 죽음을 기억하고, 예수님이 다시 오실 때까지 예수님을 전하기 위해서 예요.

**예수님 생각하기** 예수님은 제자들의 발을 씻겨 주시며 사랑을 보여 주셨어요. 그리고 제자들도 서로 사랑하고 도와주기를 바라셨어요. 예수님은 우리도 사랑하고 도와주세요. 우리의 죄 때문에 예수님은 십자가에서 죽으셨어요. 예수님은 우리를 구원하신 우리의 왕이세요.

**가족과 이야기해요**
- 예수님을 본받으라고 하신 말씀은 무슨 뜻일까요?
- 우리는 성찬을 나누면서 누구를 기억해야 하나요?

**가족과 활동해요**
- 유대인들의 전통적인 유월절 의식 영상을 찾아 다 함께 시청하세요.

---

### 3. 예수님이 제자들과 마지막 만찬을 하셨어요
마 26:26~30; 요 13:1~15

나만의
기록장

가장 소중한 예수님

---

**부모님께**

메시지 카드에는 아이들이 배운 성경 이야기를 되새기며 삶에 적용할 수 있는 가족 활동이 담겨 있습니다. 그림을 보며 성경 이야기를 회상하고 성경 본문을 찾아 함께 읽으며 가족의 묵상을 나누어 보세요. 카드의 그림은 성경의 흐름을 기억할 수 있는 단서가 될 것입니다. 뒷면의 나만의 기록장은 말씀을 통해 알게 된 지식, 감정, 생각 등을 스스로 표현하며 말씀을 내면화하는 기록 자료집으로 활용할 수 있습니다.

**신약 3권 "십자가와 부활"에 담긴 가스펠**

"십자가와 부활"은 예수님의 십자가 죽음과 부활과 승천에 대해 가르칩니다. 마리아는 예수님께 향유를 부었습니다. 예수님은 성전에서 장사하는 사람들을 쫓아내셨고, 유월절 만찬에서 제자들과 함께 떡과 잔을 나누시며 새 언약을 말씀하셨습니다. 십자가에서 죽으시고 부활하신 예수님은 제자들에게 나타나 지상 명령을 주시고 다시 오실 것을 선포하셨습니다. 하나님이 약속하신 대로 예수님은 구원자로 오셔서 우리를 죄에서 구원하셨습니다.

---

나만의
기록장

다른 사람을 섬기는 내 모습

---

나만의
기록장

교회에서 기도하는 내 모습

## 4. 예수님이 잡혀가셨어요

**주제** 죄가 없으신 예수님이 잡혀가셨어요.

**단원 암송** 눅 4:18

**성경의 초점** 그리스도인은 왜 성찬에 참여하나요?
예수님의 삶과 죽음을 기억하고, 예수님이
다시 오실 때까지 예수님을 전하기 위해서
예요.

**예수님 생각하기** 제자들은 예수님을 버렸고 예수님은 붙
잡히셨어요. 예수님은 그들과 맞서 싸우지 않으셨어요.
무슨 일이 있어도 아버지의 계획을 따르기로 하셨지요.
예수님은 사람들을 죄에서 구원하기 위해 자신이 죽는
것이 하나님의 계획이라는 사실을 알고 계셨어요.

**가족과 이야기해요**

• 예수님은 동산에서 어떻게 기도하셨나요?

• 예수님은 자기를 잡아가려는 사람들과 왜 맞서 싸우지
않으셨나요?

**가족과 활동해요**

• 예수님이 제자들과 동산에서 기도하신 것처럼 가족과 함
께 야외에서 기도해 보세요.

• 아이들의 용돈을 보태 성경을 구입하고 교도소 사역을
하는 기관에 기부하세요.

### 4. 예수님이 잡혀가셨어요
마 26:36~27:2

## 5. 예수님이 십자가에서 죽으셨어요

**주제** 예수님은 우리 죄 때문에 십자가에서 대신 죽으셨
어요.

**단원 암송** 엡 2:8~9

**성경의 초점** 예수님은 왜 십자가에서 죽으셨나요?
예수님은 우리를 죄에서 구원하려고 십자가
에서 죽으시고, 다시 살아나셨어요.

**예수님 생각하기** 우리는 죄 때문에 죽어야 되는 사람들이
에요. 하나님은 우리를 사랑하셔서 구원자를 보내겠다는
약속을 지키셨어요. 예수님은 아무런 잘못도 없이 우리
를 대신해서 죽으셨어요. 예수님은 3일 만에 죽은 자 가
운데서 다시 살아나셨어요. 예수님을 믿을 때 하나님은
우리 죄를 용서하세요. 우리를 하나님과 함께 영원히 살
게 하세요.

**가족과 이야기해요**

• 빌라도에게 자기가 아무 잘못이 없다고 예수님은 왜 말
씀하지 않으셨나요?

• 예수님이 죽으셨을 때 어떤 일이 일어났나요? 만약 내가
그곳에 있었다면 어떤 기분이었을까요?

**가족과 활동해요**

• 가족끼리 서로에게 복음을 전하는 연습을 해 보세요.

### 5. 예수님이 십자가에서 죽으셨어요
마 27:11~66

## 6. 예수님이 부활하셨어요

**주제** 예수님은 죽은 자 가운데서 다시 살아나셨어요.

**단원 암송** 엡 2:8~9

**성경의 초점** 예수님은 왜 십자가에서 죽으셨나요?
예수님은 우리를 죄에서 구원하려고 십자가
에서 죽으시고, 다시 살아나셨어요.

**예수님 생각하기** 예수님은 우리의 죄 때문에 십자가에서
죽으셨어요. 하지만 3일 만에 죽은 자 가운데서 다시 살
아나셨고, 지금도 살아 계세요! 하나님은 예수님을 죽은
자 가운데서 다시 살리셔서 온 세상의 왕으로 다스리게
하셨어요. 예수님은 우리를 죄에서 구원하시고 영원한
생명을 약속하셨어요.

**가족과 이야기해요**

• 만약 내가 마리아 혹은 베드로나 요한이라면 어떻게 생
각했을까요? 또는 어떻게 행동했을까요?

• 종교 지도자들이 군인들에게 "누가 예수님의 시신을 훔
쳐갔다"라고 거짓말을 하게 한 이유는 무엇인가요?

**가족과 활동해요**

• 가족이 한자리에 모여 빨래를 개키면서 빈 무덤에 개
켜져 있던 예수님의 시신을 쌌던 천에 대해 이야기를
나누어 보세요.

### 6. 예수님이 부활하셨어요
마 28:1~15; 요 20:1~18

## 7. 예수님이 엠마오로 가는 제자들을 만나셨어요

**주제** 예수님은 모든 성경이 자신을 가리킨다고 말씀하
셨어요.

**단원 암송** 엡 2:8~9

**성경의 초점** 예수님은 왜 십자가에서 죽으셨나요?
예수님은 우리를 죄에서 구원하려고 십자가
에서 죽으시고, 다시 살아나셨어요.

**예수님 생각하기** 성경은 예수님에 관한 책이에요. 하나님
은 처음부터 사람들을 죄에서 구원하기 위한 계획을 갖
고 계셨어요. 바로 예수님을 세상에 보내려는 계획이에
요. 성경의 모든 부분은 예수님의 삶과 죽음과 부활을
통해 예수님이 우리를 위해 하신 일들을 가리키고 있답
니다.

**가족과 이야기해요**

• 제자들은 부활하신 예수님을 왜 바로 알아보지 못했을
까요?

• 예수님의 부활 소식을 누구에게 전하면 좋을까요?

**가족과 활동해요**

• 가족과 함께 성경책 표지를 만들어 보세요. 표지에 예수
님을 그리고 색칠해 보세요.

### 7. 예수님이 엠마오로 가는 제자들을
만나셨어요
눅 24:13~35

나만의 기록장

예수님 십자가

나만의 기록장

순종하기 어려운 일

나만의 기록장

성경책을 읽는 내 모습

나만의 기록장

부활의 기쁜 소식을 전할 친구의 얼굴

## 8. 예수님이 제자들에게 나타나셨어요

**주제** 부활하신 예수님이 두려워하는 제자들에게 나타나셨어요.

**단원 암송** 고전 15:3~4

**성경의 초점** 그리스도인의 사명은 무엇인가요?
성령님의 능력으로 모든 민족을 예수님의 제자로 삼는 거예요.

**예수님 생각하기** 하나님이 예수님을 다시 살리셨어요! 예수님은 많은 사람을 만나 자신이 부활했다는 사실을 알리셨어요. 제자들은 부활하신 예수님을 보았어요. 예수님은 지금도 살아 계셔요. 예수님은 우리가 이 좋은 소식을 다른 사람에게 전하기를 바라세요!

**가족과 이야기해요**
• 하나님이 예수님을 다시 살리신 일이 왜 중요한가요?
• 나도 제자들처럼 예수님이 나타나셨을 때 무서워했을까요?
• 예수님은 제자들에게 왜 "평강이 있을지어다!"라고 여러 번 말씀하셨을까요?

**가족과 활동해요**
• 예수님의 부활을 기념하는 '가족 댄스 파티'를 열어 보세요. 웃고 춤추고 노래하면서 예수님의 부활을 함께 기뻐하세요.

### 8. 예수님이 제자들에게 나타나셨어요
눅 24:36~49; 요 20:19~23

---

## 9. 예수님이 도마에게 나타나셨어요

**주제** 예수님은 의심하는 도마에게 손과 옆구리를 보여 주셨어요.

**단원 암송** 고전 15:3~4

**성경의 초점** 그리스도인의 사명은 무엇인가요?
성령님의 능력으로 모든 민족을 예수님의 제자로 삼는 거예요.

**예수님 생각하기** 도마는 부활하신 예수님을 직접 보았어요. 예수님이 살아 계신 모습을 보았지요. 예수님이 십자가에서 죽으실 때 입은 상처도 보았어요. 우리는 예수님을 보지 못했지만, 예수님은 자신을 보지 않고 믿는 사람이 복이 있다고 말씀하셨어요.

**가족과 이야기해요**
• 친구가 나의 말을 믿지 않거나 내가 친구의 말을 믿지 않았던 경험이 있다면 이야기해 보세요. 그때 왜 서로를 믿지 못했나요?
• 예수님은 보지 않고도 믿는 사람이 왜 복이 있다고 말씀하셨나요?

**가족과 활동해요**
• 오랫동안 만나지 못한 친척이나 친구를 떠올리고, 카드를 보내거나 전화를 해 보세요. 방문을 계획해도 좋아요.

### 9. 예수님이 도마에게 나타나셨어요
요 20:24~29

---

## 10. 예수님이 베드로에게 나타나셨어요

**주제** 예수님은 베드로를 용서하고 회복시키셨어요.

**단원 암송** 고전 15:3~4

**성경의 초점** 그리스도인의 사명은 무엇인가요?
성령님의 능력으로 모든 민족을 예수님의 제자로 삼는 거예요.

**예수님 생각하기** 제자들은 잡혀가시는 예수님을 버리고 도망갔어요. 하지만 예수님은 여전히 그들을 사랑하셨고, 그들이 예수님을 따르기를 바라셨어요. 우리도 예수님을 따르다 보면 잘못을 행할 때가 있어요. 예수님은 우리를 용서하시고, 우리가 계속해서 예수님을 따르기를 바라세요. 예수님은 우리를 죄에서 구원하세요.

**가족과 이야기해요**
• 베드로가 물에 뛰어들어 예수님께 헤엄쳐 간 이유는 무엇일까요?
• 예수님은 베드로를 사랑하고 용서한다는 것을 어떻게 보여 주셨나요?

**가족과 활동해요**
• 가족과 함께 낚시를 하러 가거나 낚시 놀이(자석을 단 나무 막대기와 클립을 끼운 종이 물고기)를 해 보세요. 낚시를 하면서 오늘의 이야기 성경을 들려주세요.

### 10. 예수님이 베드로에게 나타나셨어요
요 21:1~19

---

## 11. 예수님이 지상 명령을 주셨어요

**주제** 예수님은 제자들에게 사명을 주시고, 함께하겠다고 약속하셨어요.

**단원 암송** 고전 15:3~4

**성경의 초점** 그리스도인의 사명은 무엇인가요?
성령님의 능력으로 모든 민족을 예수님의 제자로 삼는 거예요.

**예수님 생각하기** 예수님은 모든 사람에게 예수님에 대해 전하라고 제자들에게 말씀하셨어요. 모든 것을 다스리시는 예수님이 제자들과 항상 함께하겠다고 약속하셨어요. 그래서 예수님의 제자들은 이 일을 해낼 수 있어요. 예수님을 따를 때 예수님은 우리와도 함께하세요. 예수님이 제자들에게 맡기신 사명은 우리의 사명이에요. 우리는 다른 사람들이 예수님을 따를 수 있도록 그들에게 예수님을 전해야 해요.

**가족과 이야기해요**
• 예수님이 항상 함께하시면 무엇이 좋아요?
• 우리의 사명은 무엇인가요?

**가족과 활동해요**
• 가족이 함께 기도할 나라를 정하고, 매일의 기도 제목을 적은 '기도 달력'을 만들어 보세요.

### 11. 예수님이 지상 명령을 주셨어요
마 28:16~20

예수님의 못 자국 난 손



예수님을 만나 기뻐하는 내 모습



기도하고 싶은 나라의 국기



예수님이 내게 주신 사명

**주제** 하늘로 올라가신 예수님은 다시 오실 거예요.

**단원 암송** 고전 15:3~4

**성경의 초점** 그리스도인의 사명은 무엇인가요?
성령님의 능력으로 모든 민족을 예수님의 제자로 삼는 거예요.

**예수님 생각하기** 예수님은 이 땅을 떠나 하늘에 계신 아버지께로 올라가셨어요. 하지만 우리를 홀로 버려두지 않으셨어요. 예수님은 성령 하나님이 오실 것을 말씀하셨어요. 성령 하나님은 이 땅에서 하나님의 일을 하도록 도와주실 거예요. 우리는 예수님이 다시 오셔서 모든 것을 새롭게 하실 것을 기다려요.

**가족과 이야기해요**
• 성령 하나님은 예수님이 맡기신 사명을 수행하는 데 어떤 도움을 주시나요?

**가족과 활동해요**
• 세계 지도를 보면서 우리 가족이 살고 있는 지역과 우리 나라, 나아가 다른 나라들을 찾아 보면서 하나님이 창조하신 세상이 얼마나 넓은지 이야기를 나누어 보세요.
• 다양한 구름 모양을 가리키며 이야기하고, 예수님이 구름을 타고 다시 오시는 모습을 상상해 보세요.

### 12. 예수님이 승천하셨어요
행 1:4~14



**주제** 우리를 죄에서 구원하기 위해 십자가에서 죽으시고 부활하신 예수님께 감사해요.

**단원 암송** 고전 15:3~4

**성경의 초점** 그리스도인의 사명은 무엇인가요?
성령님의 능력으로 모든 민족을 예수님의 제자로 삼는 거예요.

**예수님 생각하기** 이사야는 하나님의 말씀이 이루어지는 날에 관해 말했어요. 그날에 하나님은 하나님의 백성에게 복을 주세요. 하나님의 백성은 하나님을 찬양하며 함께 기뻐할 거예요. 하나님은 사람들을 죄에서 구원하겠다는 약속을 지키셨어요. 하나님은 하나님의 아들, 예수님을 우리에게 보내 주셨어요. 예수님은 십자가에서 죽으시고 다시 살아나셨어요. 예수님을 믿고 의지하는 사람은 누구나 기뻐하고 감사해요.

**가족과 이야기해요**
• 어떤 점에서 하나님이 이사야에게 하신 말씀이 이미 이루어졌나요?

**가족과 활동해요**
• 가족의 이름을 부르며 "○○을 위해 예수님을 보내 주신 하나님 감사합니다"라고 서로 고백해 보세요.

### 13. 예수님을 보내신 하나님을 찬양해요
사 12장

# 나를 위한 하나님의 멋진 계획

**복음**이라는 말을 들어 본 적 있니?
복음이란 **좋은 소식**이라는 뜻이야.
우리에게 보내신 하나님의 좋은 소식이 무엇일까?

### 하나님은 세상을 만드셨단다

하나님이 세상을 만드시고, 사람을 만드셨어. 그리고 사랑하셨지.
(창 1:1; 골 1:16~17; 계 4:11)

### 사람들은 죄를 짓고 하나님을 떠났어

그런데 사람들이 죄를 지어서 하나님과 함께 살 수 없게 되었어. 결국 죽을 수밖에 없게 되었지.
(롬 3:23, 6:23)

### 하나님은 구원 계획을 갖고 계시단다

하나님은 우리를 사랑하셔서 우리가 하나님과 함께 살기 원하셨어. 그래서 우리(너)를 위한 놀라운 계획을 세우셨단다.
(요 3:16; 엡 2:8~9)

### 예수님이 우리에게 생명을 주셨어

하나님은 아들 예수님을 보내셨고, 예수님은 우리 죄를 대신해 십자가에서 죽으시고, 3일 만에 다시 살아나셨어.
우리에게 영원한 생명을 주시고 하나님과 함께 살 수 있는 길을 열어 주신 거야. (롬 5:8; 고후 5:21; 벧전 3:18)

### 예수님! 우리의 마음에 오세요!

예수님을 믿고 마음에 받아들이면 하나님의 자녀가 된단다.
이것이 가장 좋은 소식, 복된 소식, 복음이란다.
(요 1:12~13; 롬 10:9~10, 13)

기쁜 마음으로 예수님을 전하는 내 모습



주님의 날에 예수님을 만나 기뻐하는 내 모습